Meine präkognitiven Träume
2000
und davor

von

Maria Sand

Bibliografische Information der deutschen
Nationalbibliothek:

Die deutsche Nationalbibliothek verzeichnet
diese Publikation in der deutschen
Nationalbibliografie; detaillierte
bibliografische Daten sind im Internet über
http://dnb.dnb.de abrufbar

© 2022, Maria Sand
Herstellung und Verlag:
BoD – Books on Demand, Norderstedt

ISBN 9783754305157

Die Träume

24.12.2000

R. wurde immer ärger. Er teilte den Garten mit einem Zaun ab, damit Dora (Hund) bei ihm keinen Kot hinterlassen konnte[1].

Jemand sagte, die 38 000,-- ÖS seien nicht viel, er überschätze den Wert des Gartens.

Meine Feinde mochten ihn nicht (vielleicht aus politischen Gründen) und das war für mich ein Vorteil, denn deshalb hielten sie in dieser Hinsicht wahrscheinlich zu mir. Anscheinend waren sie mir gegenüber gar nicht so negativ eingestellt. (Um wen genau es sich dabei handelte ist unklar)

22.12.2000

Ich hatte einen Fußpilz[2] und verlor deshalb zwei Zehen. Außerdem hatte ich auch noch eine Schussverletzung. Spät aber doch suchte ich ärztliche Hilfe.

[1] Er regte sich darüber tatsächlich einmal lautstark auf.

[2] Ende 2008 Ich hatte eine Pilzinfektion auf den Nägeln.

10.12.2000

Zuerst kamen Leute die ich nicht kannte.
Vielleicht waren es Verwandte, aber das war
nicht sicher. Sie hatten Kinder und einen
Hund. Ich forderte sie zum Gehen auf, was sie
auch taten.

M. brachte Türken, oder Kurden mit nach
Hause, die gekochtes Essen mitbrachten.
Darüber regte ich mich auf. Zudem lief auch
noch Dora weg.

Wir waren in einer fremden Stadt und in einer
fremden Gegend. Als Dora zurück kam, war
sie vermutlich trächtig[3].

M. sah verschiedene Zettel durch die ihm
gehörten.

---

[3] Der Hund hatte eine Gebärmutterentzündung und musste operiert
werden. Zeitlich könnte das ungefähr passen, ist aber nicht sicher.

9.12.2000

Dora hatte im Garten ihre Jungen versteckt. Erst waren es vier, dann fünf besonders liebe Mischlinge.

8.12.2000

Ich hatte M. gesagt, ich sei schwanger. Das war aber offenbar ein Irrtum, denn es stellte sich heraus, dass es nicht so war.

7.12.2000

M. wollte das Badezimmer und die Toilette ausbauen, um Platz zu schaffen. Ich war dafür, den beiden Großen eine Wohnung[4] zu besorgen, aber davon wollte er nichts mehr hören. Da sagte ich, dann würde ich ausziehen.

---

[4] Wir suchten eine Wohnung für die beiden älteren Kinder und fanden auch eine.

Ich las ein Buch, das ein sehr berühmter Schriftsteller geschrieben hatte und ich wollte ein Buch schreiben, das in demselben Stil war. Das Buch war teilweise illustriert. Unter anderem gab es eine Szene, wo jemand auf einen Felsen kletterte. Ein Stein brach ab und fiel in die Tiefe. Das führte zu einer Geschichte, die ganz ähnlich war, wie eine Geschichte, die (im Traum) vor Jahren geschehen war: Ein Verwandter von M., vermutlich sein Bruder in M., war bei einem Absturz ums Leben gekommen.

Ich fragte ihn, ob er ihm seinen Pass mitgegeben habe. Da wäre er für tot erklärt worden und hätte offiziell nicht mehr existiert. Das hatte er aber nicht getan. Ein Verfahren wurde in Gang gesetzt. Ich dachte, man wolle die Ahnen heilig sprechen. Das konnte aber nur der Papst tun.

5.12.2000

M. hatte das Vogelhaus außen am Fenster angebracht. Lilli (Vogel) flog deshalb weg.

4.12.2000

Ein Kind wurde bei einem Angriff der Israelis schwer verletzt. Es wurde Wiedergutmachung gefordert.

3.12.2000

Ich legte mein Geld auf die Bawag.

2.12.2000

Ich war auf der Bank, um Geld zu überweisen. Da hörte ich von einer Krisensitzung, die schon wieder abgehalten werde. Jemand sagte, alle Banken seien in Bedrängnis. Auf meine Frage was man dagegen tun könne sagte er, es sei besser, sein Geld nicht auf der Bank aufzubewahren.

1.12.2000

Meine Feinde traten in direkten Kontakt mit mir, indem sie mich in den Inseraten die sie schalteten, direkt ansprachen. Gleichzeitig sah es aber wie im Internet aus, wo man etwas anklicken kann.

31.11.2000

Als ich mich in einem Geschäft befand, kam Haider herein. Zuerst hielt ich ihn für gefährlich, aber dann kam er mir sehr klein vor, was diesen Eindruck verwischte.

30.11.2000

Ich wusch meine Wäsche wahrscheinlich bei der Familie Z. Das war anscheinend selbstverständlich, aber nun war die Maschine kaputt. Die Leute meinten, wir müssten eben eine neue kaufen. Ich wollte für mich eine extra Maschine kaufen, denn die Waschmaschinen seien nicht mehr so teuer wie früher und die Leute seien auch nicht mehr so arm. Sie freuten sich, weil sie mich nun endlich los waren.

Wir unterhielten uns über meine Großeltern. Anscheinend gab es in diesem Haus Verwandte und deshalb habe mein Großvater darauf bestanden, gemeinsam die Wäsche zu waschen. Der Großvater wurde von den Leuten nicht nur als jähzornig, sondern auch als egoistisch und dominant geschildert; und auch meine Großmutter sei so geworden. So hatte ich sie aber nicht in Erinnerung. Da ging plötzlich die Waschmaschine über und die Leute mussten mit dem Boot über das schäumende Wasser fahren.

Herr K. verschönte sein Haus mit Bildern. Wir gingen hinein und er fragte uns, was wir bei ihm wollten. Ich suchte nach einer Ausrede. Wir wollten ein Haus kaufen, bekamen es aber nicht, behauptete ich. Mir wurde bewusst, dass wir nicht wir selbst waren, denn alles sah anders aus; wie in einer früheren Zeit, mit alten Autos und schlechten Straßen.

28.11.2000

Ein alter Mann, so um die 60 Jahre, verführte
B. und noch ein zweites Mädchen. Das regte
mich wahnsinnig auf. Ich dachte, ich würde B.
verheiraten, sollte sie sich nicht von ihm
abwenden. Wahrscheinlich traf ich R. (frühere
Arbeitskollegin)

27.11.2000

Alois Schwarzenegger war in Australien. Er
hatte einen sehr dominanten Schwiegervater,
der über andere Leute auch dann noch
herrschte, als er schon im Rollstuhl saß und
nicht mehr sprechen konnte.
Schwarzeneggers Mutter war eine
eifersüchtige Schwiegermutter, die mich nicht
mehr mochte, weil er sich plötzlich mir
zuwandte.

26.11.2000

Ich war beim Mururoa Atoll und in La Reunion, um dort zu tauchen. Jemand hatte einen Gegenstand vom Meeresgrund geholt, der noch immer radioaktiv war. Es stellte sich heraus, dass die Radioaktivität viel langsamer abgebaut wurde, als erwartet. Es folgten Gedanken über Atombombenversuche.

3.3.2022 Auf der Webseite
https://www.focus.de/wissen/natur/mururao-files-atomtest-110-000-menschen-strahlung-ausgesetzt-frankreich-hielt-das-ausmass-geheim_id_23099480.html findet man einen Bericht über das wahre Ausmaß der Atombomenversuche. Die französische Regierung hatte das immer abgestritten. Auf diesen Inseln kommt es bis heute zu vermehrten Krebsfällen, aufgrund der radioaktiven Verseuchung. Das ist allerdings keine direkte Übereinstimmung.

24.11.2000

Ein Mädchen machte irgendwelche sexuellen Erfahrungen. Jemand wollte sie deshalb nach Zindhofen, oder Zidhofen schicken. S. meinte, als wir gerade ein Foto betrachteten, dort wolle sie nicht hin. Ich sagte, der Ort sehe

jetzt anders aus. Als C. G. Jung dort war, sei es
so geworden.

Ich sah auf dem Foto sehr viel Gras und
Bäume. Im Hintergrund war ein großes
Gebäude zu erkennen. Der Ort sei jetzt sicher
schon verbaut, dachte ich. Dann begann ich zu
rechnen, wann Jung dort gewesen sei, bzw.
wann er gestorben sei, obwohl ich merkte,
dass ich über den Todeszeitpunkt gar nichts
wusste.

23.11.2000

Jemand rief an und behauptete dann, ich hätte
den Vorgang (?) gestört, weil ich gleichzeitig
gewählt hatte. Das sagte mir diese Person
durch das Telefon. Es gab tatsächlich
irgendwelche Probleme. Mir war nicht ganz
klar, wer der Anrufer war. Wahrscheinlich
hatte er mit dem ORF zu tun und er nannte
sich so ähnlich wie Muir[5].

---

[5] Den Namen gibt es, den habe ich im Internet gefunden, aber er war
mir nicht bekannt.

21.11.2000

E. würde uns regelmäßig Eier geben, sollten
wir ihr erlauben, bei uns Hühner zu halten. Ich
dachte, die Hühner seien schon alle tot, aber
ich bemerkte weiße Tiere, die herum
schwammen. Es waren wahrscheinlich Fische.
Dann ging es um die Reaktion meiner Feinde.
Sie wollten mich nicht ermorden, sondern
festhalten.

20.11.2000

Vermutlich hatte der Traum mit einem Forum
zu tun, in dem ich vor kurzen (real) etwas
geschrieben hatte und in Folge dessen mit
Zynismus. Ich erinnere mich aber nicht worum
genau es ging.

19.11.2000

Ein Mädchen lag in einem Krankenhaus in
einem Bett. Es hatte ein Nierenleiden. Ich

machte etwas beim Katheter und da rann der Harn auf den Boden.

16.11.2000

Es gab ein kurdisches Fest, an dem ich teilnehmen sollte. Österreicher waren auch anwesend und teilweise schien es auch ihr Fest zu sein. Es sah aber immer gleich aus, egal für welche der beiden Gruppen das Fest gerade ausgerichtet war.

Man stellte normale Sitzbänke in eine Reihe. Der Raum war ziemlich voll mit Möbeln und Menschen. Ich bemerkte, dass einige dieser Bänke von uns stammten. Darin waren aber meine Tage- und Traumbücher, sowie zahlreiche handgeschriebene Zettel. Ich hatte Angst, diese könnten entdeckt werden. Das machte mich sehr nervös. Auf dem Boden fand ich zudem ein Blatt Papier, das anscheinend von mir stammte. Ich ließ es verschwinden. Ein Rucksack mit meinen Sachen lag irgendwo herum. Diese Gedanken durchzogen den ganzen Traum.

Ein jüngerer Mann und eine ältere Frau waren anscheinend ein Paar. Er wollte sich mit mir unterhalten. Offenbar interessierte er sich für mich, was seiner Freundin missfiel.

Er hatte offenbar ein psychisches Problem in Bezug auf Frauen, oder aber er hielt es einfach für leichter, sich an ältere Frauen heran zu machen. Die beiden waren vermutlich Linke. Sie vertraten teilweise sehr eigenartige Ansichten. Mich konnten sie nicht überzeugen. Die Frau ärgerte sich und sagte: „Dich will sowieso niemand mehr überzeugen!" Damit spielte sie auf mein Alter an.

In diesem Moment sah ich mich selbst. Ich sah mich aber viel älter, als ich in Wirklichkeit war. Ich schätzte mich auf über 60 Jahre.

Dabei dachte ich: die Leute hätten mich noch nie überzeugen können. M. kam herein. Ich wollte ihnen klar machen, dass ich mit ihm verheiratet war, tat es dann aber nicht.

Das Fest stand kurz vor dem Ende. Nun wurde es gefährlich. Man hätte meine

Aufzeichnungen finden können und das schien gefährlich für mich zu sein. M. meinte, man müsse noch etwas tun, dann könne man miteinander noch reden.

Ständig war ich damit beschäftigt, meine Sachen vor Entdeckung zu schützen. Da ich alles in Kurrentschrift geschrieben hatte, dachte ich, diese Leute könnten es aber hoffentlich sowieso nicht lesen.

14.11.2000

Wir waren auf einer Insel. Es gab eine unterschwellige Beziehung zu Leni Riefenstahl.

Die Frau verlor das Gleichgewicht und „fuhr" durch die Gegend, über Felsen, vorbei an Abgründen, usw.

Danach waren wir bei einem aztekischen Herrscher, der uns verabschiedete. Er versuchte mir den Grund für das Töten zu erklären: „Wir töten nicht weil..., sondern weil

man sich dem Tod selbst gestellt hat."
Während er diese Worte sprach, sah ich kurz
den Thron, auf dem er saß. Dieser zeigte die
typische Darstellung eines Menschen und ich
wusste, der Dargestellte war ein Opfer. Der
Anlass für diese langen Erklärungen war die
Tatsache, dass eine Opferung bevor stand. Mir
kam auch kurz der Gedanke, ich könnte zu den
Opfern zählen. Das schien aber doch nicht so
zu sein. Wahrscheinlich war das Opfer ein
junger Mann.

12.11.2000

Ich hatte mich (real) am Tag zuvor in einem
Gästebuch im Internet eingetragen, auf dem
es Voraussagen gibt. Darauf nahm der Traum
nun Bezug.

Es gab Szenen von Grausamkeiten. Ein
Krokodil war an die Wand genagelt, sodass der
Rücken an der Wand war. Auch durch das
Maul hatte man einen Nagel getrieben.

8.11.2000

Der Traum hatte mit der Seite „Hagalil.com"
zu tun, war aber zu undeutlich. Deshalb
konnte ich ihn nicht erfassen.

7.11.2000

Ich schoss auf Ratten, wobei ich keine
Rücksicht darauf nahm, ob ich sie tötete, oder
verletzte. Dann bemerkte ich, dass noch viele
am Leben waren und begann gezielter zu
schießen. Schließlich forderte ich noch
jemanden dazu auf, zu schießen.

Meine Kinder hatten verschiedene Haustiere.
Darunter befanden sich zwei Raubkatzen,
wahrscheinlich Tiger. Das hielt ich für
Tierquälerei und wollte jemanden suchen, der
sie kaufen sollte. Als ich dann wegging dachte
ich darüber nach, ob jemand von den Tieren
angefallen werden würde.

2.11.2000

Als ich mit M. auf der Straße ging, kam ein
Mann und drückte mir unauffällig einen Zettel
in die Hand. Ich versuchte zu lesen was darauf
stand, aber es war Englisch und das verstand
ich nicht. Nur den Anfang konnte ich
verstehen. Dort stand: „Wir haben dich mit
Video studiert....". Darüber regte ich mich
natürlich auf. Ich konnte nicht erkennen, dass
etwas Angenehmes dort stand, hoffte aber, ich
hätte es nur nicht verstanden. Anscheinend
wollte man mit diesem Zettel Druck auf mich
ausüben, statt zu einer Lösung des Problems
zu kommen.

Ein Mann hatte irgendwo einige Kisten stehen.
M. und ich waren da. Der Mann öffnete die
Kisten. Sie waren voll Gold, darunter waren
viele Armreifen.

Zwei junge Männer, vermutlich Türken,
setzten sich an einen Tisch und aßen Kuchen.

Ich kämpfte gegen einen Geist. Zumindest
dachte ich, der Geist sei meine Mutter.

Der Name Boris Gorevics wurde genannt
(phonetisch geschrieben)

30.10.2000

Ein Lehrer von Bs Schule war Arzt. Er meinte,
er wolle, dass ich schwanger werde, denn M.
wolle einen Sohn. Er habe ein Verfahren
entwickelt, dass zu fast 100% ausschließe,
dass ein weiblicher Fötus entstehe. Nächste
Woche sei ich besonders fruchtbar. Es stellte
sich aber heraus, dass er selbst einen Sohn
wollte. Er wollte deshalb mit mir schlafen und
dann die Befruchtung mit Ms Samen künstlich
vornehmen. Das Kind werde blond sein, aber
das würde niemanden verwundern. Vielleicht
würde ich auch Zwillinge bekommen, von
jedem Mann einen Sohn.

5.10.2000

Es gab im Internet etwas ähnliches wie
„mittelalterliche Vereinigungen". Jemand

sagte: „Offenbar zählen sich die meisten User zur „burgenländischen roten (oder goldenen) Rose!" Da diese Leute aber keinen direkten Kontakt miteinander hatten, „zählten" sie sich dazu, d. h. es war keine wirkliche, geheime Organisation, die diese Leute aufnahm, sondern eine Gesinnungsgemeinschaft. Trotzdem gab es Loyalität und Zusammengehörigkeitsgefühl.

Jemand schrieb und damit meinte er offenbar mich: „Durch Druck begonnen, durch Druck beendet!"

S. hatte in der Schule Schwierigkeiten. Eine Lehrerin sprach mit uns und zählte enorm viele Sachen auf. Zum Schluss hörte ich nicht mehr richtig zu. Ich wollte der Lehrerin erklären, dass die Kinder sich in anderen Schulen wohler fühlten. Wahrscheinlich sprach ich mit E.

4.10.2000

Ein Gespräch über Glatzen, wobei ich dachte, ich würde keine bekommen. Doch dann sah ich mich selbst. Meine Haare waren weiß und an manchen Stellen war ich kahl.

Einige Stunden später träumte ich fast dasselbe wieder. Ich sah mich selbst, mein Haar war schneeweiß und ich bekam an mehreren Stellen eine Glatze.

2.10.2000

Ich traf W. R., der bei meiner Mutter auf Besuch war. Wahrscheinlich war sie es aber nicht wirklich, denn alles sah anders aus. Sie sagte, weil er so viele Geschenke gekauft habe, treffe er jetzt so viele Leute aus seiner alten Klasse. Das konnte ich nicht glauben. Ich sagte: „Er hat doch in der 6. Klasse abgebrochen, die werden doch nicht heiß auf ihn sein!" Bei einem Maturatreffen seien doch nur die erwünscht, die auch die Matura erreicht hatten, dachte ich.

In seiner Wohnung war es sehr staubig. Das wunderte mich, weil seine Frau so pedantisch gewesen war. Er zeigte mir einen Raum, in dem sich eine Skulptur befand, die ganz aus Zucker bestand. Das hatte vielleicht mit Kuba zu tun, aber das war nur ein Gedanke. Die Wohnung erinnerte an ein Auslieferungslager.

Ich saß auf dem Beifahrersitz eines Autos. Jemand den ich im Traum kannte, saß am Steuer. Zwei Männer standen draußen. Einer von ihnen riss an der Türe und drohte. Sie wollten uns berauben. Der andere ging auf die andere Seite und versuchte dort einzudringen. Wir verriegelten die Türen. Nach einiger Zeit waren die Beiden weg.

Nun begann ich mich zu wehren. Viele Pakete lagen da, die ich alle öffnete und durcheinander warf. Ich versuchte ein Chaos zu hinterlassen.

Wir wollten weg fahren und ich saß am Steuer. Jetzt war das Auto eher ein Motorrad. Wir saßen aber mit dem Gesicht zueinander und nicht hintereinander.

Ich hatte Schwierigkeiten zu starten. Erst nach einiger Zeit fiel mir ein, ich müsse den Joke[6] ziehen. Da funktionierte es endlich. Wir fuhren hinaus. Ich war draußen, die andere Person aber noch nicht. Erst rief ich: „Susi!", doch dann wurde daraus: „Gusi!" Ich rief: „Don Alonso! Gusi! Gusenbauer!" Ich dachte, ich würde jemanden mit diesem Namen aus der Schule kennen.

26.9.2000

Es ging um einen Mann, der jemandem im Weg war. Da sagte ein Mann: „ Warum geben wir ihm nicht die Zahl 100? Da begegnet ihm jeder mit absoluter Höflichkeit!" Sie lachten. Das bedeutete, sie wollten ihn als Verräter abstempeln, obwohl er gar nicht zu ihnen gehörte. Dann würden alle zu ihm auf Distanz gehen, ohne ihm etwas zu tun. So wurden sie ihn los.

Da verstand ich plötzlich und fragte, ob ich auch die Zahl 100 hätte. Das schien so zu sein,

[6] War früher eine Starthilfe.

obwohl ich die Leute gar nicht kannte. Ich hatte überhaupt keine Ahnung was für Leute das waren, nur dass sie in Zeitungen inserierten. Dann dachte ich nach, wieso M. bei mir blieb, obwohl sie mir die Zahl 100 gegeben hatten. Er schien das auch zu wissen, musste also gewichtige Gründe haben.

Wahrscheinlich wollte ich mich von M trennen, oder hatte es schon getan. Deshalb müsse ich mindestens einige Monate arbeiten, um wenigstens Arbeitslosengeld zu bekommen. Darum strengte ich mich besonders an. Meine Chefin meinte, ich würde das Unglück förmlich anziehen. Ich sagte: „Ist das wirklich so? Bilde ich mir das nicht nur ein?" Sie sagte: „Ja, das ist so!" Sie meinte, ich solle sehr vorsichtig sein, wenn ich etwas tue.

24.9.2000

Ich war bei der Wiener Straßenbahn und unterhielt mich mit jemandem. Er verhielt sich ablehnend, deshalb ging ich zu einem anderen Büro. Dieses war schwer zu finden, weil es sehr ungünstig lag. Dort wurde ich gut aufgenommen und weil ich schlecht über den anderen Beamten sprach, wurde ich noch freundlicher behandelt. Der andere Beamte stand auf einer anderen Wahlliste und war daher ein politischer Feind.

Ich meldete meine Kinder und mich selbst für einen Arbeitsplatz an. Wir hatten zwar gute Chancen, mussten aber zum Glück warten. Ein Beamter sagte scherzhaft zu einer meiner Töchter, sie solle einen blauen Ring (?) auf ihren Kragenaufschlag aufstecken. Sie lehnte ab. Ich redete ihr zu, weil ich nicht wusste, was das war und es deshalb für gut hielt, weil auch die Leute dort ihr zuredeten. Erst später verstand ich, dass es sich dabei um ein Zeichen der FPÖ handelte. Sie aber hatte das gleich verstanden und es war gut, dass sie ablehnte.

Die Leute dachten, ich hätte ihr nur zum Schein zugeredet und das war für mich gut. Offenbar waren sie Feinde der FPÖ.

20.9.2000

Als ich gerade auf der Straße fuhr, wurde ein
Auto angehalten. Ich stellte mich grundlos
daneben hin. Das andere Auto fuhr weg. Ich
konnte das Auto des Kontrollierenden sehen.
An der Türe befand sich ein kleines Schild, auf
dem sein Name stand. Daran erkannte ich,
dass er kein Polizist war und deshalb
verlangte ich von ihm einen Ausweis.

Er zeigte mir alles mögliche, nur keinen
Polizeiausweis. Unter anderem zeigte er mir
etwas auf dem der Hinweis stand, er sei FPÖ
Mitglied.

Ich weigerte mich, ihm Auskünfte zu geben.
Da nahm er mich mit und brachte mich zu
einer Wohnung, die chaotisch aussah. Man
konfrontierte mich mit mehreren FPÖ Leuten,
vor denen ich Angst hatte. Sie taten mir aber
nichts, sondern sie wollten mit der PKK
verhandeln. Ich konnte ihnen da ja nicht
helfen, weil weder ich diese Leute kannte,
noch sie mich, aber M. sollte als Vermittler
fungieren. Er tat was sie von ihm verlangten

31

und war darauf stolz. Er ging zu Leuten von der PKK und holte ihre Vorschläge.

In dem Haus wohnten ein Mann und dessen Schwägerin. Die Frau war für das Chaos verantwortlich. Sie tat, als sei ihre Obsorge für das Kind schuld, aber das war nicht der Fall. Das Kind hatte sie schon lange nicht mehr gesehen. Wo ihr Mann war, wusste niemand.

S. hatte schon zum 2. Mal ihr Telefonguthaben auf ein falsches Konto überwiesen[7]. Das ärgerte mich nun. Ich wollte das Geld zurück holen, was nicht schwer war.

Ich konnte mich nicht mehr erinnern, ob ich den Traum von der PKK M. erzählt hatte und deshalb erzählte ich ihn nochmals.[8] Anscheinend hatte ich ihm den Traum erzählt. Diesmal sagte ich, die PKK wolle mit der FPÖ verhandeln. Ich hatte es ihm aber schon

[7] M. hatte (nach dem Traum, aber das Datum weiß ich nicht mehr) die Gebühr für ein privates Fernsehprogramm auf ein falsches Konto überwiesen. Er verlangte das Geld zurück, bekam aber nicht mehr alles.

[8] Traum im Traum, bzw. Erinnerung an einen Traum in einem Traum

erzählt und deshalb sagte er, ich würde immer wieder etwas anderes erzählen.

Wir waren in der Türkei. Ms Vater war da und sprach fließend Deutsch, mit Wiener Akzent[9]. Das fiel mir auf, dass etwas nicht stimmte. Aber erst später begriff ich, dass es anscheinend nicht sein Vater war.

Ich dachte man habe seinen Vater gewaltsam irgendwo hin gebracht. M. und noch ein Mann hatten blaue Flecken auf den Oberarmen. Daran erkannte ich, dass man sie zum Mitmachen (?) gezwungen hatte. Ich wollte zu M. sagen: „DEIN Vater", etc,... damit er an der Betonung erkennen könne, dass ich Bescheid wusste. Wahrscheinlich sagte ich das aber dann doch nicht.

Wir waren auf dem Friedhof. Dort hatten wir ein Grab auf Raten gekauft, das aber noch lange nicht bezahlt war. Eines der Kinder (S. ?) hatte für ihr Grab gerade die erste Rate bezahlt und bekam dafür gleich Geld, denn

---

[9] War zu diesem Zeitpunkt schon verstorben, könnte ein Hinweis auf Wiedergeburt sein.

das war etwas ähnliches wie eine Aktie. Ich fragte Y: (?), ob sie nicht auch ein Grab kaufen wolle, das brächte Gewinn. Auch meine Mutter machte dasselbe was wir taten, aber schon seit langer Zeit.

Wir gingen in ein Gebäude und stellten uns an einem Schalter an. Es herrschte dort Unruhe und Angst. Auf dem Boden hatte ich einen Zettel gesehen, auf dem stand: „Wer Dunkelheit (?) in die Sache bringt, muss sterben!" Ein Kind weinte vor Angst. Ich sagte zu ihm, niemand würde ein Kind umbringen. Das sagte ich nur um ihm die Angst zu nehmen, obwohl es nicht stimmte. Wer der Böse war, wusste ich nicht.

Eine Angestellte ging an mir vorbei zum Schalter und dort dann in ein Büro hinein. Ich wusste sofort, dass die Gefahr von ihr ausging. Sie gab mir meine Jacke (die mir fremd erschien) von hinten und ich wusste, in dieser Jacke lauerte der Tod. Also zog ich sie aus und hängte sie an die Türe. Dann beobachtete ich was passierte.

Ich hatte eine Spinne erwartet, aber es war eine chemische Flüssigkeit, die zu „arbeiten" begann. Nun war klar, wer da mordete. Die Frau konnte nicht mehr leugnen.

18.9.2000

Als ich auf der Bank war, zu der ich (zu dieser Tageszeit) immer ging, merkte ich, dass die Lokalität ganz dumm umgebaut worden war. Man konnte sich nur noch schlecht orientieren. Deshalb verirrte ich mich ständig. Es gab aber etwas ähnliches wie einen Bildschirm, den ich auch betrachten konnte. Auf diese Weise konnte ich alles überblicken.

Ein Mann von dem es hieß, er habe die ...x (?)...Bank im Jahr 1960 überfallen, kam in die Bank. Da wurde der „Kreis", in dem er sich gerade befand, mitgeteilt. Aufgrund dieser Positionsangabe gelang es mir, den Mann zu fangen.

17.9.2000

Ich hatte eine Tablette im Mund, die langsam zerging. Da bemerkte ich, dass sich in der Tablette viele andere, kleinere befanden, die ich jetzt aber nicht mehr schlucken konnte, oder wollte.

16.9.2000

M. hatte schon wieder etwas Böses vor, das sich gegen mich richtete. Deshalb ließ er das Haus wieder nicht herrichten, wie es eigentlich nötig gewesen wäre. Darauf sprach ich ihn jetzt an.

Danach ging ich weg und war vermutlich nicht mehr ich. Ich kletterte beim Eingang einer versperrten Höhle herum, hatte aber den passenden Schlüssel dazu. Gemeinsam mit einer Person trat ich ein. Wir fanden eine Frau, die für tot gehalten wurde. Jemand sprach über diese Frau. Die Leute glaubten, sie könne an mehreren Orten zugleich sein.

Dann wurde aber doch eine Beziehung zur Höhle hergestellt.

Die Frau lebte davon, Sachen zu suchen. Als sie auf der Straße ging, sah sie ein Mann. Auf Stühlen saßen Bären. Deshalb glaubte er, er habe sich das nur eingebildet. Wahrscheinlich hatte er gedacht, einer der Bären sei die Frau.

13.9.2000

Wahrscheinlich erlebte ich nur einen Film. Ich erlebte die Handlung aber als Realität. Vielleicht steckten meine Feinde hinter dieser Sache.

Es gab zwei Gruppen, wobei die eine eher harmlos, die andere aber sehr gefährlich war. Wie gefährlich sie waren, wussten wir aber nicht. Es schien für diese Leute nichts besonderes zu sein, wenn es Leichen gab.

Ein Mann wurde festgehalten. Ich dachte, vielleicht er sei in Gefahr, weil er zu viel wusste. Als jemand anrief und sagte, sie hätten zwei Leichen, die abtransportiert werden müssten, dachte ich an ihn. Er war aber nicht tot. Es waren offenbar Leute, die zu den Anrufern gehörten, die ermordet worden waren.

Zuerst wurde ganz deutlich gesagt, worum es ging, dann wurde ein Code verwendet, um dasselbe nochmals zu sagen. Ich verstand den Code zwar nicht, hatte aber die Übersetzung auch gehört.

Jemand holte die Leichen. Niemand sollte etwas merken. Viele Leute waren in einem Raum. Sie hatten Zettel in der Hand, die den Verwesungsgeruch angenommen hatten. Es stank. Sie lachten und schließlich zogen alle ihre Waffen. Es bildeten sich zwei Gruppen, die einander gegenüber standen und einander mit den Waffen bedrohten. Das schien aber nicht ernst zu sein.

Ich ging auf der Straße und dachte an M. (einem Neonazi aus der Berufsschule) und fragte mich, ob er noch so denke wie früher.

12.9.2000

Meine Großmutter, oder Großtante war gerade gestorben. (real schon vor sehr langer Zeit verstorben) Nun wussten wir nicht was wir mit der Leiche tun sollten. Wir gingen in ein Blumengeschäft und redeten mit jemandem darüber. Doch dann wurde uns klar, dass dies nicht die richtige Stelle war. Die Leiche blieb liegen, bis sie zu stinken begann. Erst jetzt wurde uns so richtig klar, dass wir unbedingt etwas tun mussten. Nur wussten wir nicht, wie wir unser langes Warten erklären konnten. Wir mussten einen Arzt rufen, damit dieser den Totenschein ausstellt und wir nahmen uns vor zu behaupten, wir hätten die Leiche erst jetzt gefunden.

11.9.2000

Ich sah einen großen See. Ein Mädchen war verschwunden. Ihr Name klang ähnlich wie „Herita" (vergessen). Ich konnte den Namen nur schwer aussprechen. Eine Gruppe Männer suchte nach ihr auf dem See. Es bestand die

Gefahr, dass sie ertrunken war, oder ertrinken könnte. Je länger die Männer suchten, umso lauter wurden sie. Ich dachte, so könnten sie das Mädchen nicht hören, wenn es antwortete.

Wir gingen weiter. Der Fluss (oder der See?) teilte sich. An dieser Stelle schwammen viele Menschen. Nun machte ich mich selbst auf die Suche. Ich suchte im, oder am rechten Nebenarm des Flusses, kam aber bald irgendwo hin, wo es trocken war.

Ich fragte ein Kind, ob es ein Mädchen mit diesem Namen gesehen habe. Während ich so ging, fiel mir der „Standard" ein, weil die Männer von vorhin gemeint hatten, sie sollten vielleicht ein Inserat aufgeben, um das Mädchen zu finden. Nun dachte ich nach, ob die Inserate diesen Zweck verfolgten. Ich las den Standard und fand ihn gar nicht schlecht. Weil M. gesagt hatte, er würde mir den Standard kaufen, dachte ich daran, darauf einzugehen. Doch dann dachte ich, da müsse ich die „Krone" und den „Kurier" heimlich kaufen, so aber nur eine der beiden. Er wollte nicht, dass ich so viel Geld für Zeitungen ausgebe.

10.9.2000

Es ging um den Himmel und um Gestirne. Ich konnte etwas Helles sehen und dachte es sei eine Sternschnuppe, oder ein Komet. Dann dachte ich darüber nach, ob Tag sei, oder Nacht und warum ich das Objekt nur so schwach sehen könne.

Unsere Vögel hatten Junge bekommen und das hatten wir nicht bemerkt. Sie hatten die Eier irgendwo versteckt und heimlich ausgebrütet. Doch plötzlich waren lauter junge, blaue Vögel zu sehen, obwohl unsere Vögel nicht blau waren. Es wurden immer mehr und mehr, wir hatten schon Angst, auf einen Vogel zu steigen. Wir dachten daran, die Vögel zu verkaufen, aber das wollten wir nicht, weil wir Angst hatten, sie könnten an jemanden geraten, der sie alleine in einem Käfig hält. Deshalb dachten wir auch daran, sie im Freien zu halten, weil die Vögel, die an einem Ort geboren werden, angeblich nicht weg fliegen.

Ich sprach mit einer fremden Person und diese sagte etwas über den „Dunkelsteiner Wald". Dort könnten wir die Vögel aussiedeln, das sei irgendwo hinter irgendwelchen Bergen.

Ich saß in einem Auto, vielleicht befand es sich in einer Tiefgarage. Es schien dort eine Polizeistation zu geben und man erwartete offenbar von mir, dass ich aussteigen und hineingehen würde, weil ich etwas fragen wollte. Das tat ich aber nicht.

Ein Polizist kam. Er sagte, ich solle die Bombe in den metallenen Papierkorb legen und wegfahren. Erst war ich überrascht und verstand ihn nicht, doch dann wurde mir klar, dass er das ironisch meinte. Damit wolle er sagen, es müsse ja enorm wichtig sein, was ich sagen wolle. Sonst würde ich ihn nicht zu mir kommen lassen, sondern zu ihm kommen.

 Wahrscheinlich wollte ich nur nach dem Weg fragen, oder vielleicht wollte ich überhaupt nichts, sondern hatte nur gehalten, um mich besser orientieren zu können.

6.8.2000

Jemand hatte einen Faschisten in einem vergitterten Raum festgehalten. Etwas hatte sich verändert und deshalb wurde nun jemand, der einen anderen festgehalten hatte, seinerseits festgehalten. Jemand sagte etwas von einer „riesigen Gestalt namens Tigger Babe", den man nicht festhalten könne.

3.9.2000

Jemand gab mir auf der Straße ein kleines Kind zur Betreuung. Das Kind wirkte dunkel und deshalb hielt ich es für ein türkisches Kind.

Wir kamen in einen Raum, in dem die Eltern des Kindes waren. So erfuhren wir, dass dieses Kind von einer Österreicherin und einem Türken stammte. Offenbar gab es

Schwierigkeiten, weil jemand versuchte, die Beziehung zu verhindern.

Eine Hochzeit sollte stattfinde. Ich sah einen Türken, der mir nicht gefiel. Er war die Hauptperson. Eine Frau in weißem Brautkleid wurde herein geführt.

2.9.2000

Man hatte im Körper eines lebenden Menschen Münzen und Bilder versteckt (was ja normal nicht möglich wäre). Wahrscheinlich suchten wir diese Person. Auch die Mafia suchte nach ihr. Das war für diese Person gefährlich, deshalb schickten wir sie zu einer Untersuchung.

Ich begann mich mit dieser Person zu identifizieren. Wahrscheinlich sollte er/ich geröntgt werden.

Wir waren auf der Flucht (mehrere Personen mit mehreren Kindern). Es gab Leute die uns verdächtig erschienen. Sie reagierten nicht auf uns, aber später stellte sich heraus, dass es Feinde waren.

Einer unserer Begleiter kämpfte mit einem von ihnen. Deshalb hielten wir ihn für loyal. Aber obwohl es für mich unlogisch war, stellte sich heraus, dass gerade dieser Kampf ein Beweis dafür war, dass er zu den Feinden gehörte. Wir saßen in der Falle. Trotzdem fühlte ich mich nicht sonderlich bedroht (vielleicht weil ich nicht wirklich diese Person war?)

Ein Herr ...x...(?) war bei Bu. auf Besuch. Er war ein dicker, phlegmatischer Typ und ich dachte, sie wolle mich vielleicht mit ihm verkuppeln.

Ich befand mich in einem Gebäude. Eine Frau hatte mich bei einem Arzt angemeldet. Sie befand sich zu meiner linken Hand. Die Frau sagte: „Jetzt melde ich sie auch noch bei unserem zweiten Lockenköpfchen an!" Ich dachte das sei jemand anderes.

Von ihr aus gesehen, befand sich links hinter ihr eine Türe. Noch zwei Leute warteten. Sie befanden sich in der Nähe einer anderen Türe. Wir bildeten ein Dreieck.

Von mir aus gesehen war diese Wand mit der 2. Türe etwas weiter rechts. Wenn ich die Ecke der beiden Wände mit einbeziehe, könnte man es auch als Viereck darstellen.

Die Türe öffnete sich. Ich dachte, ein Mann käme, es war aber eine Frau. Als sie die Besucher sah (sie waren zu zweit, aber nur eine Person war wichtig) sagte sie: „Sie sind eine Ermittlerin!" Die Besucherin war also durchschaut worden. Man ließ sie nicht ein.

Es folgte ein kurzes Gespräch. Dabei wurde gedanklich diese Ordination mit einer Internet Webseite vermischt. Der Lockenkopf meinte, jeder dritte Besucher sei ein Ermittler. Auf eine Frage antwortete die Ermittlerin, sie würde recherchieren. Vermutlich war sie eine Journalistin. Ich dachte, die Frau Lockenkopf sei Hellseherin, weil sie das sofort gewusst hatte. Sie war aber bloß Therapeutin und hatte vermutlich das Gesicht der Ermittlerin irgendwo einmal gesehen.

Nun wollte „Lockenkopf" aufhören. Doch ich wollte nicht länger warten und pochte auf mein Recht, endlich an die Reihe zu kommen, obwohl ich gar nicht wusste, weshalb ich diese Untersuchung, oder Behandlung überhaupt machen sollte.

31.8.2000

Ich war mit S. R. einkaufen. Eine Frau, die wahrscheinlich Polin war, bediente uns. Deshalb sagte ich zu S. sie könne mit der Frau Polnisch reden. Wahrscheinlich wollte S. für immer nach Polen fahren.[10]

Juli 2000

Ich wurde von einem Geheimdienst verfolgt. Ein Mann sagte zu mir: "Ich wünsche dir alles Gute und alles Gute zum Geburtstag!" Sein Gesprächspartner antwortete: "Eben nicht! Das Gegenteil!" Wahrscheinlich meinte er,

[10] Seit 1998 verstorben

47

dass immer das Gegenteil vom Gesagten gemeint sei. Das bezog sich vermutlich auf die Inserate.

Jemand bemerkte, dass ich verfolgt wurde. Es war wahrscheinlich ein Journalist. Er wurde neugierig, weil er dacht, es müsse einen gewichtigen Grund haben, also wichtig sein. In einer Zeitung stand ein Inserat, das meinen Namen enthielt und so wusste er zumindest wie ich hieß. Am nächsten Tag erschien in der Presse auf Seite 2 ein Satz: "... (mein Name) ... wer bist du?" Aber nicht nur einmal, sondern immer wieder geschrieben. Etwas anderes stand dort nicht. Da dachte ich daran mein Traumbuch zu dem Journalisten zu schicken und dazu zu schreiben: "Das bin ich!"

Ich las was auf Seite 2 stand und dachte es sei ein Glück, dass diese Zeitung sowieso fast niemand liest. Ich wollte nicht dass alle Leute die mich kannten erfuhren, dass überall in der Zeitung mein Name stand. Die Leute von diesem gGheimdienst hätten das wohl so gemacht, um mir Angst zu machen. Sicher sei das nicht der Journalist gewesen, der mir eine

Frage stellen wollte. Nun kaufte ich alle
möglichen Zeitungen, um zu sehen, ob das in
allen stand.

2000 (kein genaues Datum)

Der polnische Botschafter feierte Geburtstag.
Deshalb gab es mitten auf der Straße eine
Probe für eine Aufführung, an der mehrere
Leute teilnahmen. Ich fuhr mit dem Auto,
erlebte mich aber als fremd. Jemand sagte ich
könne gut Autofahren und er/sie wollees von
mir lernen. Der Botschafter und eine
Begleitung kamen in eine Wohnung. Der
Begleiter machte eine Bemerkung, die einige
Leute die in der Nähe standen nicht
verstanden, weil er undeutlich sprach. Das
Ganze hatte eine beziehung zum Judentum,
aber ich wusste nicht genau welche.
Sinngemäß sagte er, ich sei der Pest
entkommen, oder wieso ich der Pest
entkommen sei. Ich verstand, was er gesagt
hatte.

Die folgenden Träume stammen aus dem Jahr 1997. Sie standen nicht zu der Zeit als ich sie träumte im Internet, sondern erst Jahre später. 1997 hatten wir noch kein Internet. Es war mir daher nicht möglich, Träume zu veröffentlichen. Einige Träume fehlen.

In meine Traumsammlung habe ich sie nur aufgenommen, um zu zeigen, dass es keinen Unterschied zwischen Träumen vor und nach dem Beginn der öffentlichen Traumsammlung gab. Schon Jahre zuvor habe ich Träume gesammelt und auf Erfüllung hin untersucht. Allerdings habe ich sie in Büchern festgehalten, in die ich sie mit der Hand geschrieben hatte.

Dazu sammelte ich Zeitungsausschnitte, die ich einklebte, oder ich schrieb dazu, was ich im Fernsehen, oder sonstwo gehört, gelesen, oder gesehen hatte, bzw. was uns selbst passiert ist.

Meine Traumstudie ist also nicht erst 22 Jahre alt, sondern viel älter.

28.4.1997

Ich hatte viele, teilweise exzentrisch
aussehende Uhren, aber alle waren kaputt. M.
lachte deshalb über mich.

Ich fuhr vermutlich in den ehemaligen
Ostblock. Jemand begleitete mich. Ich sagte:
„Fahren wir mit deinem Auto, oder mit
meinem?" Wir fuhren – sehr zur Überraschung
anderer Leute – mit beiden Autos.

Wir wollten etwas holen. Auch eine
Straßenbahn kam vor, die wir kurz verließen.
Wir ließen wichtige Sachen zurück. Die
Straßenbahn kam uns nach, so als sei sie nur
für uns da.

27.4.1997

Ich befand mich in einem großen Lokal. Viele
Leute waren dort. Auf einer Bühne stand ein
Mann, der wie ein Habsburger aussah, oder
einer war. Er erzählte Witze, die ich entweder
nicht verstand, oder die nicht lustig waren.

Der Mann bemerkte mich, was mich störte.
Nun wollte er mir unbedingt die Schuhbänder
zumachen – was er dann auch tat. Ich hatte
schmutzige Sportschuhe an.

Danach war er plötzlich nicht mehr so
freundlich wie bisher.

26.4.1997

M. kam überraschend zurück. Mein
Traumbuch lag herum und ich wollte nicht,
dass er es liest.

Jemand wollte mich engagieren, während
andere Leute M. für sich arbeiten lassen
wollten, was er aber nicht mitbekommen
sollte. Sie wollten ihn ausnützen. Ich erfuhr
davon und versuchte das zu verhindern.
Deshalb regte ich mich furchtbar auf, weil ich
der Meinung war, dass man andere Menschen
nicht ausnützen darf, noch dazu wenn sie das
gar nicht wissen. Ich dachte er würde niemals
freiwillig etwas für diese Leute tun – noch

dazu ohne Bezahlung. Aber plötzlich war ich mir dessen gar nicht mehr so sicher.

Ich lief weg. Im letzten Moment blieb ich vor einem Abgrund stehen, in den ich beinahe gestürzt wäre. Man konnte ihn nicht rechtzeitig erkennen.

Es gab eine Szene mit einem Lokal, Kaffeehaus, oder ähnlichem. Jemand wollte, dass ich mit helfe, aber ich drückte mich davor.

Dann ging ich in ein anderes Kaffeehaus. In der Hand hielt ich ein Besteck. Im Radio, oder in einer Zeitung wurde gemeldet, dass eine Leiche aufgefunden worden sei. Es war eine bekannte Person. Man sah sie vornüber gebeugt an einem Schreibtisch sitzen.

Einige Leute traten mit mir in Kontakt, als ich in einem der beiden Lokale saß. Einer war vermutlich Engländer. Er sprach mit mir mit englischem Akzent. Ich versuchte seinen Namen zu lesen, was aber nicht ging.

Ich dachte er habe einen sehr einfachen,
gängigen Vornamen, wie z. B. John.

Ich habe die Anmerkungen zu Traumerfüllungen in dieser Ausgabe
weitgehend weg gelassen, weil es für mich zu kompliziert war, alles
zusammen zu suchen. Als Beweis kann es heute sowieso nicht mehr
dienen. Was die Leiche am Schreibtisch betrifft möchte ich aber
trotzdem anmerken, dass kurz nach diesem Traum eine Leiche in
genau dieser Stellung aufgefunden wurde. Das hat mich sehr
beeindruckt. Es handelte sich also um eine visuelle Übereinstimmung.

24.4.1997

In erster Linie ging es um schlecht gehende
Geschäfte.

Ein Stoffgeschäft hatte arge Probleme. Jemand
arbeitete in einem Geschäft, sollte aber aus
irgendeinem Grund nur halbtags arbeiten und
später entlassen werden. Diese Frau war eine
wirklich gute Schneiderin. Sie begann in dem
Geschäft zu arbeiten, aber nicht jetzt, sondern
ungefähr 1960, oder 1970. Deshalb wunderte
ich mich, dass die Geschäfte Probleme hatten.
Damals hätte dieses Geschäft viel Geld
gebracht.

Eine Frau trug eine Unterhose, die genauso war wie die, die ich noch heute verwendete. (Traumaussage, die sich auf die Jahreszahlen bezieht.) Ich meinte, die Qualität sei besser geworden.

Man konnte allerdings durch den Stoff hindurch sehen. Das gefiel mir nicht sehr gut.

Ich sah Gammler.

Danach hatten wir Besuch. Unter anderem Schiwan (kurdischer Sänger), der zu meiner größten Überraschung keinen Bart trug. Es wurde so viel Suppe gegessen, dass ich meinte, das müsse ihm ja für alle Zukunft auf die Nerven gehen. Dann bat ich ihn ein Lied zu singen. Im ersten Moment war er fast böse. Nach einiger Zeit meinte er jedoch, ich solle ihm drei Tage Zeit geben.

23.4.1997

Ich war mit meiner Mutter in die ehemalige DDR gefahren. Dort besuchten wir eine

Familie mit zwei Kindern. Erst war nur die Frau mit den Kindern da. Sie gab uns zu essen, versteckte aber auch einiges vor uns. Dann kamen auch ihr Mann und andere Leute. Erst da gab es eine richtige Unterhaltung.

Sie redeten über eine Schule, die abgesiedelt werden sollte und über einen „Tanzpalast", den es früher gegeben hatte. Man servierte Sekt zum Abschied. Der Mann sagte, wir sollten jetzt nicht die 1000er herausholen. Darauf meinten wir, wir wollten aber den Kindern etwas geben.

Dann begannen wir zu suchen. An meinem 500 Schilling-Schein klebte ein 20,-- Schilling-Schein, den ich nicht abbekam. Ich sagte sie sollten damit zur Bank gehen. Die Scheine würden vielleicht beim Zerreißen ihren Wert verlieren. Er sagte, die Österreicher seien sehr heikel mit ihrem Geld, das wisse er. Damit meinte er den Zustand der Scheine. Insgesamt gab ich pro Kind ungefähr 800,-- öS her.

Meine Mutter besaß Scheine, die es gar nicht gibt. Zum Beispiel 100 000,-- Schilling-Scheine.

Die Leute unterhielten sich noch darüber, dass sie am nächsten Tag mit dem Schiff wegfahren wollten. Ich dachte, so arm wie sie tun seien sie offenbar doch nicht.

22.4.1997

Ich unterhielt mich mit meiner Mutter. Sie wollte auf Urlaub fahren – irgendwohin in den hohen Norden. Sie sagte, das habe sie schon immer interessiert. M. und Y. wollte sie mitnehmen. Darüber war ich froh, weil die anderen Kinder auch wegfuhren.

Ich dachte sie würde gleich fahren, weil sie wegging, aber die Reise sollte doch erst später stattfinden. Vorher verreiste sie noch alleine.

Auf der Hinfahrt (?) sah ich einen großen, offenen Platz, auf dem es etwas Besonderes gab. Ein kurzes Stück weiter gab es noch einen großen Platz. Dort wurde Geschirr angeboten, sowie Herde und Möbel aus dunkelblauem Material. Es gab mehrere Schattierungen innerhalb eines Stückes und Verzierungen in Form von Kreisen. Mir gefiel das sehr gut. Vor kurzem hatte ich davon geträumt. (Traum vom Traum) Deshalb schrieb ich mir auf, wo der Platz war. Gegenüber befand sich die Nummer 271.

Dann fuhr ich mit dem Auto weiter. Ich sah zwar eine Handlung, beschrieb sie aber nur.

Ein Rettungsauto fuhr mit Signalhorn. Jemand hatte eine Herde Schafe, die einmal langsamer, einmal schneller gingen. Die Schafe gingen auf der Straße. Das Auto fuhr in die Herde. Der Besitzer sprach in diesem Zusammenhang vor allem von Geld, das er verloren hatte, weil die Schafe nicht mehr geschlachtet und verkauft werden konnten.

Ich hatte für Z. eine Reise gebucht, oder eine gewonnen, die ich ihr nun schenken wollte. Wahrscheinlich waren es 2 Tage London, oder Paris. Dann überlegte ich, ob sie nicht noch zu jung sei, um alleine zu fahren, oder ob ich besser B. mitschicken solle.

21.4.1997

Anscheinend hatte ich Feinde, die irgendwo einen Text geschrieben hatten. Dieser Text war verschlüsselt. Ein Buchstabe stand jeweils für einen anderen. In einer Zeitung standen 4 Buchstaben erklärt. Mit dieser Erklärung versuchte ich, die Texte zu finden, die mich betrafen. Das war schwierig, weil ich ja nur wenige Buchstaben zur Verfügung hatte. Wahrscheinlich stand das U für das N.

19.4.1997

Plötzlich wollte ich unbedingt die Matura machen. Deshalb ging ich zu einer Maturaschule und erkundigte mich.

Der Traum bestand vor allem aus Überlegungen, ob es für mich überhaupt sinnvoll war das zu tun, ob ich überhaupt die Möglichkeit zum Lernen hatte.

18.4.1997

Endlich wollte ich meine Kinder über mein derzeitiges Problem aufklären, wusste aber nicht, wie ich das erklären sollte. Das war sehr schwierig. Meine Kinder gingen voraus, waren aber dann andere Personen.

Wir wurden verfolgt. Ich versuchte die Kinder einzuholen, um sie zu warnen. Ab diesem Zeitpunkt war ich vermutlich nur Zuseher.

Drei Männer waren die Verfolger. Die Verfolgten griffen an. Einen Mann ertränkten sie im Wasser, indem sie ihn unter die Oberfläche drückten. Die beiden anderen wurden anders getötet.

17.4.1997

Einige Tage lang sollte ich den Busfahrer vertreten. Diese Idee gefiel mir erst, doch bald merkte ich, dass ich zu müde war. Ich musste zeitig in der Früh beginnen und hatte niemanden, der mich Mittags ablösen hätte können. Auch mit dem Fahrplan hatte ich arge Probleme. Ich wusste nicht genau, wann ich fahren sollte.

Die Fahrgäste beruhigte ich, indem ich erklärte, sie sollten froh sein, überhaupt einen Busfahrer zu haben. Dann fuhr ich mit dem Bus irgendwohin.

Auch Y. und einige Verwandte, oder Bekannte waren da. Plötzlich bebte die Erde. Ich sah wie alles hinabstürzte – als wäre der Himmel in Bewegung. Es wurde finster. Ich suchte das Kind und fand es schließlich auch. Dann nahm ich es und überließ die anderen Leute ihrem Schicksal.

Aber dort wo ich mein Kind hin brachte, wurde geschossen. Wir legten uns auf den Boden. Das Kind stand mehrmals auf. Ich hatte Angst, es könne getroffen werden. Zum Glück geschah nichts. An der Stelle hatte ich den Eindruck in einem Film zu sein.

Es gab einen modernen „Sheriff". Die Bedrohung hörte wieder auf. Ich überließ den anwesenden Leuten das Kind zur Obsorge und ging wieder. Entweder wollte ich die anderen Kinder holen, oder die Leute retten, die ich kurz zuvor verlassen hatte.

16.4.1997

Ich wollte eine bestimmte Zeitung kaufen. Vielleicht stand etwas Wichtiges drinnen, denn ich nahm große Mühen auf mich, um die Zeitung zu bekommen.

Später machte ich eine Eintragung in mein Tagebuch. Es genügte mir aber nicht, Kurrent zu schreiben. Ich suchte etwas, was noch schwerer lesbar ist und kam so auf die Rede- und Debattierschrift. Diese wollte ich langsam lernen.

Ins Tagebuch schrieb ich groß „Futtermittel!",
dahinter „Futtermittel = Geschäftsstelle"

15.4.1997

Unterwegs traf ich F. Wir unterhielten uns
über Politik. Er meinte, ich sei ein
„Hochverratsmitglied". Es gebe ein Gesetz das
vorschreibe, Frauen dürften nur dann in die
KPÖ eintreten, wenn der Mann das mit seiner
Unterschrift erlaube. Meiner war aber
dagegen. Ich dachte er wolle mich nun los
werden. Das Gegenteil war aber der Fall. Es
gefiel ihm sogar.

Umgekehrt brauchte der Mann diese
Erlaubnis nicht. Das fand ich ungerecht und
das war für mich ein Grund zu bleiben. Ich
bekam dann aber irgendwann ein anderes
Parteibuch und es schien auch eine andere
Partei zu sein, bei der ich plötzlich auch
Mitglied war.

Er erzählte mir von einer Diskussion mit dem Ku Klux Klan[11], zu der er gerade ging. Zu dieser wäre ich gerne gegangen, hatte aber keine Zeit. Es wunderte mich aber, dass es bei dieser Diskussion einen derartigen Diskussionspartner gab.

Zwei meiner Kinder hatte ich auf Besuch gehen lassen. Gemeinsam mit Z. holte ich sie ab.

Die Leute wohnten in der „Entenstraße". Es dauerte einige Zeit, bis wir diese Straße fanden. Eine Frau zeigte uns den Weg. Dann wussten wir wieder die Hausnummer nicht und auch nicht den Namen der Leute. Die Frau hatte zwar eine Liste, auf der einige Namen standen, da wir aber eben auch die Namen nicht wussten, nützte uns das gar nichts. Zum Glück trafen wir die Kinder dann zufällig, als sie auf der Straße spielten.

Eine Frau hatte ein Kind, das nur halb zu sein schien. Es hatte zumindest keine Beine.

---

[11] Ob das wirklich der KKK aus den USA war, lässt sich schwer sagen. Zu einem späteren Zeitpunkt nannte sich die PKK – KKK.

Vielleicht war die Frau Türkin. Sie sprach nicht Deutsch.

Die Frau hatte sich mit dem Kind in die Sonne gelegt und hatte nun einen furchtbaren Sonnenbrand. Das Kind, das zeitweise älter als am Anfang des Traums aussah, ebenso. Ich versuchte ihr zu erklären, dass ihr Verhalten für sie und das Kind ungesund sei. Das Schlimme seien weniger die Schmerzen, die der Sonnenbrand im Moment verursachte, sondern dass sie damit ein Krebsrisiko einging. Sie schien es zu verstehen.

13.4.1997

Dieses mal hatte ich Feinde, die mir die Möglichkeit boten, mit ihnen zu telefonieren. Ich sollte zum Flugplatz kommen. Sie wollten dafür sorgen, dass die Kinder von der Schule abgeholt würden.

Alles war etwas unklar. Es sollte so aussehen, als würde ich auf eigenen Antrieb hinfahren und nicht, weil man mich hin gebeten hatte.

Auf dem Weg zum Flugplatz gab es Schwierigkeiten, weil einige Straßen gesperrt waren. Ich kam aber doch rechtzeitig hin. Am Flugplatz war B. dann bei mir. Sie hatte alles was sie brauchte und ging voraus. Ich begann etwas (die Leute?) zu suchen, nachdem ich bei einer Informationsstelle gefragt hatte.
Offenbar besaß ich sogar ein Ticket zu meiner größten Überraschung. Es galt für eine Woche hin- und retour. Auch den Pass fand ich. Ich hatte auch fremde Währung in der Tasche.

Man kontrollierte ob ich genug Geld hätte. Die Frau meinte, sie wundere sich auch über die Kontrollen bei manchen Leuten, während man bei schönen Jüdinnen und deren schönen Kindern nicht kontrolliere. Diese würden von „reichen Gönnern" aufgenommen (und missbraucht) werden. Letzteres sagte sie nicht so deutlich, aber es war klar, dass dies geschah.

Das Ziel sei vielleicht London, nahm ich an. Es war aber New York. Ich rechnete mit einer Verhaftung bei meiner Ankunft, obwohl niemand etwas derartiges gesagt hatte. Auf jeden Fall glaubte ich nicht an ein positives Ende. Ob ich dann tatsächlich flog, war nicht klar.

12.4.1997

Der Traum stand in einer Beziehung zu dem Problem, das gerade aktuell war.

Ich befand mich am Rande eines Gewässers. Es war kalt, so dass man nicht baden konnte. Zwei Säcke lagen auf dem Boden. Auf jedem Sack stand etwas geschrieben. Vielleicht stand auf dem einen „Cabel" (oder ähnlich). Ich betrachtete die Wolken. Eine sah aus wie ein weißer Schwan.

Es gab eine Überraschung. Außerdem schien die ganze Situation gefährlich zu sein. Ich war sehr vorsichtig. Als ich mit dem Auto an ein Hindernis geriet, wagte ich nicht auszusteigen. Ich wartete bis die anderen Autos über dieses Hindernis fuhren und es so beseitigten.

11.4.1997

Ein Kind wäre beinahe überfahren worden, wurde aber durch ein Tier gerettet. Es war nicht ganz klar, ob es sich um einen Hund, oder um eine Katze handelte.

Ein Marder war entkommen. Mir gelang es, ihn ohne Probleme zu fangen. Es gab auch einen Löwen, den ich ungefährdet streicheln konnte. Vielleicht war ich in einem Tierpark, oder in einem Zoo.

Verwandte von M. Zumindest Nu. war anwesend und von ihrem Mann wurde geredet. M. erzählte von einem Verwandten, der eine kleine Farm hatte. Der wollte mich überreden, ähnlich wie er selbst zu leben.

Auch über die PKK wurde gesprochen. Man hatte sie offenbar totgesagt, denn die Verwandten von M. waren total überrascht, als er ihnen sagte, die PKK existiere noch. Vielleicht hatte man sie zurückgedrängt, oder empfindlich getroffen.

Ich sah einen riesigen Bildschirm, vor dem

einige Leute saßen - unter anderem auch die Leute die ich suchte. Sie weinten. Offenbar handelte es sich um eine Trauerfeier die übertragen wurde. Weil sie Kurden waren und weinten (seltsamerweise war es ein christlicher Gottesdienst der abgehalten wurde), wusste ich, sie trauerten um Öcalan. Er war verstorben. Mir fiel mein Traum ein und ich wunderte mich, dass Öcalan schon jetzt gestorben war und nicht wie der Traum angekündigt hatte, am 8.11. Es war der 7.11. in der Früh.

Anmerkung. Der Traum nennt keine Jahreszahl. Ursprünglich dachte ich, das Jahr 1997 sei gemeint.

10.4.1997

Jemand hatte die Staatsbürgerschaft eines Landes erhalten (USA?) und fürchtete, sie wieder zu verlieren (oder verlor sie wieder), weil irgendetwas zu früh geschah.

9.4.1997

Ich hatte begonnen in einer kleinen
Buchhandlung zu arbeiten. Sie erinnerte mich
an die Buchhandlung Ch.

Viele Bücher schien es nicht zu geben. Jemand
wollte ein Buch von der Frau? von Tschiang
Kai Schek. Dieses Buch war im dtv Verlag
erschienen, der jedoch aufgelassen worden
war. Das Buch war nicht auf Lager und ich
erklärte der Kundschaft lang und breit, dass
ich es auch nicht mehr bestellen konnte. Es
war schon 18 Uhr, aber ich meinte zur
Kundschaft das mache nichts aus, sie könne
sich ruhig noch weiter umsehen.

Es gab noch eine zweite Angestellte, was mir
nicht recht war. Ich befürchtete ein
Konkurrenzverhältnis, weil meiner Meinung
nach das Geschäft zwei Angestellte nicht
tragen konnte.

Auf der Straße traf ich die Vorschullehrerin
von Y. Aus irgendeinem Grund trug ich weder
Rock noch Hose. Obwohl ich mich zu
verstecken versuchte, bemerkte und erkannte

sie mich. Sie grüßte mich abfällig. Ich sagte zu ihr „Trampel". Das hörte sie und mich freute das. Dann zog ich einen Rock an, obwohl ich eigentlich nun doch einen trug.

Ich ging mit Y in ein Konzert im Konzerthaus? Es waren viele Plätze frei. Einige junge Leute trugen Kostüme. Meine Mutter saß im Parkett. Y. schlief ein, weil das Konzert furchtbar langweilig war.

Jemand stellte mir einen Mann vor und nannte ihn „Napoleon". Ich fragte mich ob ein Zusammenhang mit einer Sache bestehe, aus dem Jahr 1996.

8.4.1997

Jemand sprach mit sächsischem Akzent und kommentierte das Geschehen. Die Rede war von einer „Deregulierung".

Ich sah wie jemand floh. Zwischen Sträuchern sah man Hasen sitzen, die sich versteckten. Die Menschen überlegten, ob sie sich auch dort verstecken sollten, liefen dann aber lieber weiter. Die (männliche) Stimme meinte, die Hasen würden heute noch ihre Ruhe finden. Ich dachte darüber nach, wieso sie kaum Angst hatten, obwohl sie den Menschen sehr nahe kamen. Das liege vielleicht daran, dass sie nicht gejagt würden. Sie erkannten die Menschen deshalb nicht als Feinde.

Ich hatte im Garten viele Samen gepflanzt. Als ich aus dem Fenster sah bemerkte ich, dass viele Vögel die Samen fraßen. Aber auch Kinder wollten den Samen essen. Ich warnte sie davor und meinte, die Samen könnten giftig sein (behandelt, weil Saatgut), um sie vor Tieren zu schützen.

7.4.1997

Irgendwo war ich gewesen. Jemand fuhr mit mir und stellte fest, dass man mir etwas gestohlen hatte. M. hatte mir 2000,-- öS auf den Tisch gelegt (Tatsache – am Tag vorher). Ich hatte das Geld liegen gelassen und fürchtete nun, jemand hätte es gestohlen.

Deshalb wollte ich zurück fahren. Das war mit großen Problemen verbunden.

6.4.1997

L. hatte Besuch, als ich gerade bei ihr vorbei kam. Eine ältere Frau war da. Sie unterhielt sich mit mir. Ich kam offensichtlich bei ihr gut an. Das freute mich zwar, aber ich winkte trotzdem ab, als sie und ihr Mann zu mir kommen wollten, um sich zu unterhalten.

Es gab eine Psychologie-Ausbildung, für die ich mich interessierte. Ich befürchtete aber, meine Zeit würde nicht reichen. Es war kein Studium, sondern etwas anderes.

Ein winziges Geschäft, das auch Bücher verkaufte. Ich konnte mir nicht vorstellen, dass die Frau, die das Geschäft führte, damit überleben kann. Sie hatte auch noch dazu ein Auto.

Wir gingen hinein, weil ich mir die Bücher anschauen wollte. Sie interessierten mich aber nicht und ich wollte wieder gehen. Die Frau wollte mir aber unbedingt etwas anderes verkaufen. Das ärgerte mich.

Ein Verwandter (R?) probierte Schuhe. Mir war das nicht recht, weil mir die Frau nicht gefiel. Ich dachte sie arbeite nicht korrekt, sondern versuche die Leute zu betrügen. Das schien auch so zu sein.

Später ging ich mit dem Hund fort. Auf der H. Straße blieb ein großes Auto mit Anhänger stehen. Es sah aus wie ein großer Tiertransporter. Ich dachte an Schafe, aber jemand sprach von Pferden. Sehen konnte ich das aber nicht. Ich musste aufpassen, weil der Hund immer wieder hingehen wollte.

4.4.1997

Die Frau von W. hatte sich ein Restaurant gekauft. Beide sahen anders aus, waren also vermutlich nicht sie selbst. Sie war sehr zielstrebig und arbeitete nun auf ein anderes Ziel hin.

Die Frau war freundlich. Als ich sie traf meinte sie, sie dachte sie würde mich vielleicht nicht mehr erkennen. Ich hätte mich aber tatsächlich nicht verändert. Sie war sehr aktiv und sehr tüchtig. Das Personal war – wie sie sagte – nur zum Abwaschen zu gebrauchen.

Ein dunkelhaariger Mann sprach mit mir. Er war etwas zu frech. Ich dachte er sei Slawe. Sie aber behauptete er sei Brasilianer. Etwas später kam ihr Mann. Er hatte einen Vollbart. Ich hatte etwas Angst vor der Begegnung. Es schien aber keine Beziehung zu meinen momentanen Problemen zu geben. Wir unterhielten uns. Plötzlich sagte er: „Eigentlich bist du noch das kleinste Arschloch von allen!" Ich dachte erst ich hätte mich verhört, doch er wiederholte das Gesagte. Er meinte damit, so schlimm wie die anderen, denen er früher begegnet sei (und damit meinte er nun doch mein/unser Problem) sei ich nicht.

Ich hatte keine Gelegenheit mich zu rechtfertigen, denn für ein Arschloch hielt er mich offenbar doch, was auf Gegenseitigkeit beruhte.

Es gab dann ein Gespräch mit anderen Leuten, in dessen Verlauf er über seine Vergangenheit reden musste. Das schien ihm nicht egal zu sein. Er meinte, er wäre auch lieber als siegreicher Held aus dem Krieg zurück gekommen. Über seine sonstige Arbeit redete er nicht direkt. Es war ihm unangenehm darüber zu reden.

3.4.1997

Ich war in einer Buchhandlung, die nicht sehr neu aussah. Später war ich irgendwo anders und redete über die Buchhandlung, die einer Frau gehörte. Entweder sie, oder jemand anders hatte meinem Mann 1,5% dieser Buchhandlung geschenkt. Jetzt wollte er, dass sein Name dazugeschrieben werden sollte. Das redete ich ihm aus. Ich meinte 1.5% sei sehr wenig, das brächte nichts. Buchhandel sei kein gutes Geschäft mehr. Außerdem müsse dieses Geschäft total renoviert werden.

Danach spielten wir ein Spiel. Ich musste auf einen Zettel schreiben, was für die jeweilige Person das Wichtigste im Leben sei. Das wusste ich oft sogar besser als die Leute selbst und es sollte sich durch mich erfüllen. Beim ersten Mal ging alles so wie es sein sollte. Ich war die Letzte. Es genügte, wenn ich es einfach auf einen Zettel schrieb. Dann besprachen wir alles.

Bei der zweiten Runde hatte ich Probleme. Zwar bekam ich für die anderen alles rechtzeitig fertig, fand aber entweder kein Papier, oder der Kuli schrieb nicht. Ich wollte mit roter Farbe schreiben, aber das durfte ich nicht (wie in der Schule). Ich wollte schreiben: „Die Nähe zu Gott!", aber das fiel mir nicht sofort ein.

Eine Frau die mich kannte, sprach mich plötzlich an. Ich war nervös, weil ich keine Zeit hatte.

Als ich meinen Bauch berührte, hatte ich das Gefühl, als sei ich wieder schwanger. Ich regte mich aber darüber nicht auf. Irgendwann schrieb ich den Satz doch auf. Auf dem Rückweg (ich war unterwegs gewesen einen Kuli zu suchen) regnete es. Schließlich kam ich doch zu den anderen. Sie saßen in einem Restaurant. Das Spiel war vorbei. Mein Zettel galt aber vermutlich trotzdem. Ich war froh, dass ich ihn nicht vorlesen musste. Einige Leute hatten schon ihre Zweifel an der Existenz Gottes ausgesprochen. Darüber wollte ich mit ihnen nicht diskutieren.

2.4.1997

Ich war mit einem Mann verheiratet, der aus der Türkei kam. Anscheinend hatte er keine Aufenthaltsgenehmigung. Gleichzeitig war er Zahnarzt, hatte eine österreichische Frau und vier Kinder.

Ein Mann nahm die Geräte in die Hand, die mein Mann gerade für eine Behandlung von Y. benötigt hätte und sagte: „Wenn für xxx eine Frau nicht ausreicht und vier Kinder nicht ausreichen (um eine Genehmigung zu erhalten)." Mein Mann wollte mich auch behandeln, aber ich ließ ihn nicht. Ich sagte: „Mich behandelst du nicht!" Es erschien mir demütigend, mich mein Mann so zu präsentieren. Als Ausrede meinte ich, er bekäme Schwierigkeiten, sollte ich kollabieren.

1.4.1997

Bis auf eine Szene alles vergessen.

Ich sah jemanden fahren. Auf dem Gefährt hing ein kleines Schild, das ich erst nicht entziffern konnte. Doch plötzlich konnte ich das Geschriebene deutlich lesen: „HAZET"

31.3.1997

Wir fuhren mit dem Auto. Weil ich nicht sehen konnte wo ich mich einreihen sollte, fuhr ich beinahe über eine Sperrlinie. Da ein

Polizeiauto hinter mir war, reihte ich mich lieber falsch ein.

So kamen wir in ein Gebiet, das von Palästinensern kontrolliert wurde. M. verschwand. Seine Schuhe standen aber noch da. Ich ging mit den Kindern hin und verlangte seine Freilassung. Mir taten sie nichts. Sie ließen ihn tatsächlich frei.

Doch dann war plötzlich nicht mehr klar, ob tatsächlich er das war. Ich sagte: „Kannst du mir erklären, weshalb sie immer dich festhalten? Ich komme hier so oft vorbei und hole dich so oft heraus, aber mir tun sie nichts."

Es gab eine Überleitung zu W. Er stand nun im Zentrum der Überlegungen. Seine Frau verbot ihm Alkohol zu trinken. Darüber regte sich meine Mutter auf. Sie meinte es sei ihr aufgefallen, aber sie könne nicht verstehen, warum sie ihm das verbiete. Ich dachte das solle verhindern, dass er etwas netter zu mir werde. Ich stellte ihn mir vor. Grantig und böse, weil er nicht getrunken hatte. Nun dachte ich, vielleicht liege es nicht an ihm, sondern an ihr[12]. Deshalb wollte ich mich in Zukunft nicht auf ihn, sondern auf sie konzentrieren.

24.2.1997

Eine Frau hatte einen Dobermann an der Leine. Ein Mann griff zu dem Hund, dieser knurrte und schließlich schnitt ihm der Mann unabsichtlich ein Stück vom Schwanz ab. Das regte mich wahnsinnig auf. In der Nähe war eine Trafik, in die ging ich, um den Bazar zu kaufen. Ich wollte ein Inserat aufgeben, damit jemand den Hund nimmt. Weil ich die Zeitung nicht finden konnte meinte ich, dann würde ich ihn nehmen, mir mache es nichts aus, dass der Hund einen zu kurzen Schwanz habe.

Am 27.2.1997 stand in der Zeitung: "Ein Tierquäler schnitt Hund vor einem Geschäft den Schwanz ab."

[12] Beide waren böswillige, unsympathische, unaufrichtige Menschen. Diesen Umstand ignorierte ich jahrelang.

23.2.1997

Im ersten Teil des Traums ging es um eine
Verwandte, die verschwunden war. Sie war
eine sehr alte Frau (keine Person aus meinem
realen Leben) Ich hatte den Verdacht, sie sei
in ein bestimmtes Haus gegangen. Da ich mir
aber nicht sicher war, wollte ich nicht
nachfragen. Es war bereits Nacht. Deshalb
wartete ich, bis es endlich wieder dämmerte.
Erst in der Früh hatte ich Gelegenheit zu
fragen. Da war es allerdings schon zu spät.
Die Frau war bereits tot.

Ich tröstete mich damit, dass meine nächtliche
Konzentration mich ihr zum Zeitpunkt des
Todes näcer gebracht hatte, als meine
körperliche Nähe es hätte tun können.

Plötzlich ging es um mich selbst. Jemand
schlitzte mir mit einem Messer den Hals auf.
Man wollte auch noch andere Menschen und
auch mich, später essen. Ich lag auf dem
Boden und dachte: "Ist so der Tod?" Doch bald
bemerkte ich, dass ich noch nicht im Sterben
lag.

Es gelang mir zu fliehen und bei einer Nachbarin Hilfe zu finden. Sie holte jemanden, der die Wunde behandelte.

Ihr Vater ärgerte sich über mein Kommen. Er würde später verstehen, warum er die Wunde sehen müsse. Der Arzt meinte: "Die haben gedacht es ist so einfach, jemandem die Kehle aufzuschlitzen!" Dann brachte man mich zu einem Taxistand und suchte für mich einen schützenden Begleiter.

1997 (kein genaues Datum)

Ich ging auf einer Insel herum, die sich in der Donau befand. Dort hatte die russische Mafia ihre Mordopfer entsorgt. Man nannte sie die „Toteninsel" Blumen blühten und es waren nur wenige Menschen dort. Ich konnte sehen, dass unter dem Wasser Särge waren, in denen die Toten lagen, gleich beim Ufer. Sie waren aus Metall. Auf der Insel fuhren zwei Männer auf Rädern herum. Ich wusste nicht, ob sie die zukünftigen Opfer waren, oder die Täter.

16.2.1997

Jemand sagte etwas in einem Zusammenhang mit einem Koma. Eine Schwester, oder Ärztin meinte spöttisch: "Gibt es eine Schwangerschaft bei einer Schwangerschaft?". Sie meinte damit nicht ob, sondern wie etwas sei.

Die Erklärung stammt nicht aus meinem Bewusstsein, sondern war Teil des Traums. Es kommt oft vor, dass Träume sich seltsam und unverständlich ausdrücken, um gleichzeitig eine Erklärung hinzu zu fügen.

29.1.1997

Ich brachte meine Tochter zu RU (japanische Freundin meiner Tochter), die in der Nähe wohnte (nicht real, sie wohnte weit weg). Auch So. hätte kommen sollen, doch ich war plötzlich nicht mehr sicher. Ich fuhr mit dem Auto herum und verirrte mich. (real mehrmals passiert, als ich Ru nach Hause bringen wollte)

Wir besaßen ein Schloss,in dem ich mich schließlich befand. Darauf hatte ich ganz vergessen, aber nun wusste ich es wieder. Es war groß und wirkte freundlich. In einem Zimmer traf ich auf ein junges Mädchen und auf einen Burschen. Ich dachte sie seien Geister. Deshalb griff ich sie an, aber sie waren fest und nicht flüchtig. Trotzdem gab der Bursche sich als Geist aus. Er sei sehr beliebt bei den Medien, meinte er.

Ich wollte eine Kinderparty in dem Schloss veranstalten, trotz der Geister.

Dann wendete sich der Traum einem anderen Thema zu. Es ging um Brieffreundschaften.

Ich sah einen Briefumschlag mit einer Adresse, auf dem S. stand. Nun wollte ich den Namen ändern, ohne meinen eigenen zu schreiben. Nach vielen Jahren könnten viele Briefe kommen, dachte ich.

Schließlich traf ich meine Freundin Re., die behauptete, sie bekäme noch ein Kind.

9.1.1997

Jemand hörte zu was ich sagte und meinte dann: "Wir besprechen das dann mit den Behörden in Warschau, oder mit den Behörden eines anderen Landes." Ich dachte, es würde also tatsächlich stimmen, dass den Polen alles mitgeteilt würde was ich sagte, oder tat. Mir machte das Angst und ich bat darum, man möge sich doch lieber mit den Behörden eines anderen Landes unterhalten. Nun wunderte ich mich nicht mehr darüber, dass ich auf verlorenem Posten kämpfte.

Es wurden weiterhin unangenehme Dinge (Verleumdungen, Lügen, etc.) gegen mich unternommen, aber wahrscheinlich waren es nur Kleinigkeiten. Man gab mir die Kopien eines geschützten Dokuments. Das erkannte ich daran, dass eine Kopie rot, oder schwarz wurde.

Ich fuhr gerade mit dem Fahrrad und wurde von einem Polizisten angehalten. Weil ich meine Personalpapiere nicht fand, durchsuchte er meine Sachen und fand so

diese Kopien. Er sagte mir, dass diese Akte
"geschützt" war.

"Die Polen" spielen in meinen Träumen zeitweise eine große Rolle.
Das kommt daher, dass meine Mutter eine polnische Freundin hatte,
die in Polen in einem Krankenhaus gearbeitet hatte, in dem viele
politisch wichtige Leute behandelt wurden. Sie kam nach Österreich
und als sie einmal in ihre Heimat fuhr, wurde sie festgehalten und
durfte nicht mehr ausreisen. Ihr österr. Mann hatte große
Schwierigkeiten, sie wieder zu befreien.

11.1.1997

Ich war der Meinung, dass es für mich nur
subjektiv ein Vorteil ist, wenn ich immer
wieder versuche etwas zu beweisen, was
keiner glauben will. Objektiv sei es so, dass
bloß zwischen den Angriffen der Eindruck
relativer Ruhe entstehe.

Die folgenden Träume stammen aus den Jahren vor 2000. Ich füge sie nur deshalb hinzu, weil sie wichtige Aussagen allgemeiner Natur, oder/und in Bezug auf mich selbt enthalten.

Bitte bedenken Sie aber, dass Träume oft ganz andere Menschen meinen und nicht unbedingt die träumende Person selbst.

Mit diesen wenigen, ausgewählten Träumen aus meiner alten, nicht veröffentlichten Traumsammlung möchte ich zeigen, womit sich Träume beschäftigen und welche Beziehungen sie zur träumenden Person herstellen.

Man träumt oft von Ereignissen, die einen wirklich unmittelbar selbst betreffen, aber auch von solchen, bei denen es um fremde Menschen geht.

92

Die Träume vor dem Jahr 2000 und davor.
Viele haben kein Datum, weil ich sie aus dem
Notizbuch abgeschrieben hatte, ohne ein
Datum zu nennen.

Ohne Datum

Ich sah die Glücksfee die zu mir kam, um mir einen Preis zu überreichen.

Kurze Zeit später erhilet ich per Post einen Gewnn zugeschickt.

Ohne Datum

Meine jüngste Tochter lag im Krankenhaus. Ein Arzt ging an ihr vorbei und stach sie in den Bauch. Man konnte sehen wie das Blut floss. Dann ließ man sie einfach liegen, ohne sie weiter zu beachten. Das regte mich maßlos auf.

Kurze Zeit später hatte sie eine Blinddarmentzündung und wurde operiert, nachdem man sie zuvor trotz ihres bedenklichen Zustands hatte liegen lassen, ohne sie zu beachten.

Cirka 1988/89

Wir befanden uns an einem Ort, an dem sehr viele Menschen waren. Plötzlich verschwand das Kind B (meine Tochter). W R hatte es entführt, missbrauchte und ermordete es.

Diesen Traum hatte ich in der Nacht, bevor ich mit meiner Mutter und den Kindern in die Shopping City fuhr. Wir kauften ein und ich brachte die Sachen zum Auto. Meine Mutter stand mit den Kindern da und wartete auf mich. Als ich zurückkam war B weg. Meine Mutter hatte das gar nicht bemerkt. Ich lief herum und rief B laut. Das war offenbar eine gute Idee, denn eine Frau fand nach einiger Zeit das völlig verschreckte Kind und brachte es zu mir. Vielleicht wäre diese Geschichte schlimm ausgegangen, hätte ich den Traum nicht gehabt und deshalb vielleicht nicht so panisch reagiert.

Das wurde mir erst Jahre später (2005) klar, als ich in der Zeitung las, dass über Jahre hinweg in der Shopping City kleine Kinder von einem Mann kurz entführt und missbraucht worden waren, obwohl die Eltern in der Nähe waren. Ein Vater ertappte ihn. Der Täter hatte denselben Vornamen wie W R.

Ohne Datum

Einige Journalisten unterhielten sich und einer sagte zu mir: "Heute wird der Abgang von Michael Schuhmacher vorbereitet!"

Wir lagen noch im Bett und ich erzählte M diesen Traum. Dann drehte er den Fernseher auf und man sah ein Autorennen. Ich wusste gar nicht wer Schuhmacher war. M dachte das würde bedeuten, Schuhmacher würde verunglücken, doch es kam anders. Schuhmacher überlebte das Rennen, aber er verlor es.

Ohne Datum

Ich glaubte ein Kind zu bekommen, aber dann merkte ich, dass es Hundewelpen waren.

Viel später, als der Krieg in Jugoslawien schon vorbei war, erfuhr ich aus dem Radio, dass man während des Krieges einer Frau den Fötus entnommen und Hundeföten eingesetzt hatte.

Ohne Datum

Ein Arzt stach mich in den Hals und sagte:
"Sie sind schwanger! Die Schilddrüse arbeitet
nicht mehr!"

--- -

Kurze Zeit später ging ich zum Arzt, weil mich der Traum gewarnt
hatte. Es stimmte. Die Schilddrüse arbetete nicht mehr. Ich wurde
operiert.

Ohne Datum

Eine Frau tötete eine andere Frau und einen
(zukünftigen?) Präsidenten der USA.Mich
verschonte sie. Sie meinte, sie merke, dass ich
die Wahrheit sagte. Dann tötete sie sich selbst.
Ich irrte herum und war sehr aufgeregt. So
kam ich zu einer Straße. Einige Leute waren
dort. Diesen Leuten rief ich zu, der Präsident
sei ermordet worden. Einige reagierten
ungläubig. Einer machte sich sogar lustig und
meinte, das sei ein Glück. Er war sehr
unbeliebt bei der Bevölkerung, deshalb
freuten sie sich über seinen Tod. Nun zweifelte
ich selbst an meiner Beobachtung und dachte,

der Mann sei vielleicht doch nicht der Präsident gewesen. Seine Leibwächter hätten ja schon lange Alarm schlagen müssen, aber alles blieb ruhig.

Ohne Datum

Jemand sagte, ab dem Jahr 2000 wird man beginnen, die politischen Einflussgebiete neu zu verteilen.

Ohne Datum

Ich sah viele Kirchenfürsten versammelt, die das neue Jahr 2000 feierten. Jemand sagte: "Die Menschen werden sich ab jetzt wieder mehr der Religion zuwenden!"

Ohne Datum

Es gab eine Feier im englischen Königshaus. Die Königsfamilie hatte ihren Reichtum verloren und musste nun Führungen abhalten.

Ohne Datum

Sö, blutete stark aus dem Bauch. Ich wusste er würde sterben, denn er war zum Tode verurteilt worden. Dann begann ich darüber nachzudenken und meinte es sei besser, wenn der Bruder von Sö, (der in der Türkei lebte und zu dem ich keinerlei Kontakt hatte - ich wusste nicht einmal wie er heißt) statt ihm sterben würde, denn der habe keine Kinder und er sei außerdem ganz alleine und müsse für niemanden sorgen.

Tatsächlich starb einige Zeit später der Bruder während einer Operation. Er verblutete. Der Mann war noch sehr jung.

Ohne Datum

Havel hatte gesagt, er wolle nicht mehr kandidieren, tat es aber dann doch.

Genauso geschah es auch, denn Havel war krank und musste sich erst für eine neue Kandidatur entscheiden. Im Jahr 1998 trat er dann doch wieder an.

Ohne Datum

Ich war in Österreich. Vor mir lag eine trostlose Landschaft. Sie wirkte tot, denn es gab keinerlei Bäume, bis auf einen einzigen, der sich in der Nähe von Graz befand. Er markierte die Stelle, bis zu der es keine Bäume vom Westen her kommend mehr gab.

1972/73

Ich war in Südafrika Alles wirkte ruhig und relativ sicher, aber durch die Gegend streunten Hyänen. Sie schrien in Erwartung dessen, was kommen würde. Schon bald sollten sie die Leichen vieler Menschen zu fressen bekommen, denn es würde Unruhen und Aufruhr geben.

Damals hatte ich einen Kollegen, der erzählte, er sei in Südafrika gewesen. Den Traum erzählte ich ihm.

Dieser Traum sollte sich auch erfüllen. Es gab Unruhen mit vielen Toten.

1980 geträumt und 2007 in Papierform veröffentlicht.: Ich sah den Ozean. Auf den Wellen schaukelte eine große Kiste, auf der das Zeichen für Atom zu erkennen war. Weil ich dieses Zeichen sah wusste ich, dass es sich um etwas sehr gefährliches handelte, das großen Schaden anrichten würde. Die Kiste schwamm auf die Küste der USA zu. Niemand war in der Nähe, niemand ahnte das Unheil.

Der Traum stammt ungefähr von 1991/92

Ich hatte ein sehr großes äußeres Problem, das ich nicht hatte lösen können und auch noch nicht gelöst habe. Ich träumte:

Jetzt ist der einzige Zeitpunkt (kein genauer Zeitpunkt angegeben) wo es möglich ist, dieses Problem zu lösen. Vorher war es nicht möglich und später wird es auch nicht mehr möglich sein. Nur dieser eine Zeitraum der (jetzt) beginnt, lässt eine Lösung zu.

Daraus schließe ich (immer voraus gesetzt, dass es sich um eine Aussage handelt die der Wahrheit entspricht), dass es Zeitpunkte gibt, die es möglich machen zu handeln, aber auch solche, wo man einfach nichts tun kann. Es spricht also dagegen, dass alles in diesem Leben vorher bestimmt ist, aber auch dagegen, dass man immer die Möglichkeit hat, sein Leben so zu gestalten wie man es gerne möchte.

1993

Gefährliche Leute waren hinter mir her, weil ich etwas richtig voraus gesagt hatte. Es hatte mit Nostradamus zu tun. Ich wunderte mich woher sie das wussten und noch dazu nach so langer Zeit. Sie hatten es aus der Zeitung erfahren. Ich sah was in dieser Zeitung stand und erkannte auch das Zeichen für Atom.

Traum ca. 1993/94

Ein früherer Bekannter (W.) hatte vor Jahren
gefährliche Leute hintergangen. Der Traum
drückte es so aus – er habe auf zwei
Hochzeiten getanzt. Er dachte ich wisse davon
(was aber nicht so war) und deshalb wollte er
mich nun mit Hilfe seiner damaligen Freunde
vernichten.

Es waren finstere, böse Leute. Ich ging in
einer seltsamen, eher einsamen Gegend
herum. Dann kam ich zu einem Haus, an dem
stand "Nepomuk" und auch noch einige
cyrillische Buchstaben. Ich dachte da seien
Russen zu Hause und ging wieder. Inzwischen
machten sich die Freunde von W. auf die
Suche nach mir. Ich flüchtete ins Wasser. Als
ich sie näherkommen fühlte, schrieb ich auf
ein rundes Metallplättchen: Anatoli=CIA und
hielt es ihnen entgegen. Doch später nahm ich
es und wusch das Geschriebene wieder ab.

1995

Als ich mich mit jemandem unterhielt, sagte diese Person zu mir: "Innerhalb von drei Jahren wird die Ursache für deinen Tod auftreten!"

Dieser Traum machte mir ziemlich Angst weil ich dachte, ich würde im Jahr 1999 sterben, was jedoch nicht der Fall war. Geht man davon aus, dass es sich trotzdem um eine reale Voraussage handelt ,kann man annehmen, der Traum will damit sagen, drei Jahre würde es dauern, bis diese Krankheit sich entwickeln wird.

5.3.2022 Nach einer Untersuchung habe ich heute einen Befund bekommen. Es wurde festgestellt, dass ich an einer Krankheit leide, bei der die Lebenserwartung cva. 3 Jahre beträgt, wenn man sie diagnostiziert. Bei mir wurde sie frühzeitig entdeckt, noch bevor es zu Symptomen kam, deshalb kann ich damit rechnen, noch länger als erwartet zu leben. Aber das mit den 3 Jahren stimmt offenbar im Prinzip, gerechnet vom richtigen Ausbruch an. Genau genommen stirbt man nicht an der Krankheit, sondern an Begleiterscheinungen - irgendwelchen Infektionskrankheiten.

Ein anderer Traum machte ebenfalls eine Aussage bezüglich meines Todes:

Ich sah mich selbst im Spital in einem Bett sitzen. Jemand sagte zu mir: "Du solltest dir eine Pistole kaufen, damit du dich erschießen kannst wenn es so weit ist (dass du stirbst).

104

Du wirst sonst qualvoll ersticken!" Ich dachte daran das zu tun, überlegte dann aber, ob ich die Pistole dann auch noch finden würde.

Diesen Traum interpretiere ich so, dass ich an einer Krankheit sterben werde. Vielleicht Corona? Bis dahin wird es aber noch ziemlich lange dauern.

Ende 1995

Endlich konnte ich meine ASW Fähigkeit zweifellos beweisen. Deshalb kamen viele Leute, die von mir die Zukunft wissen wollten und die Leute die mich ständig angriffen, konnten mir nichts mehr tun.

Dann tauchte auch noch meine Akte auf und der Spuk war vorbei.

Dazu ist zu sagen, dass der Traum meine Situation schilderte, denn ich wurde und werde von Leuten verfolgt, bzw. angegriffen, die nicht glauben können, oder wollen, dass meine Voraussagen rein auf meiner paranormalen Fähigkeit beruhen. Das ist auch der Grund, weshalb ich diese Studie überhaupt begann und bis heute fortführe. Ich dachte, je mehr Beweise ich bringe, desto eher werden sie es verstehen. Das Gegenteil war der Fall. Mir wurde erst sehr langsam klar, dass man nicht etwas beweisen soll, sondern überzeugen. Denn wer etwas nicht glauben will, dem kann man Beweise bringen, so viele man will. Man wird ihn/sie niemals überzeugen können.

April 1996

Jemand sagt: In ein bis zwei Jahren beginnen die großen Probleme.

Ich habe schon mehrfach geträumt, etwas werde z. B. in ein, oder zwei Jahren geschehen. Das hat so nie gestimmt. Die Ereignisse kamen jedoch. Zumindest zum Teil, wenn sie in zeitlicher Nähe zum Traum waren. Deshalb glaube ich, dass sich das Traumbewusstsein falsch ausdrückt und sagen will: Innerhalb von 2 oder drei Jahren. D. h. eine Entwicklung beginnt an einem bestimmten Punkt und dauert dann ein bis zwei, ein bis drei, usw. Jahre. Dann geschieht das Ereignis , also das Ende einer Entwicklung.

1998

Ich träumte von einem entführten Kind und einem großen Haus mit Lift.

Kurz danach wurde Natascha Kampusch entführt. Sehr lange danach gab es einen Traum, der konkret ihren Namen nannte und ihre Rückkehr voraus sagte.

Weitere Erklärungen und Informationen zu meinen Träumen finden Sie in meinem Buch

Maria Sand, die Intelligenz der paranormalen Träume, erschienen bei BoD.

Bei der Veröffentlichung dieser Traumsammlung handelt es sich um eine neue Auflage einer vergriffenen Ausgabe aus dem Jahr 2014, erschienen unter dem Titel Psi Traumsammlung 2002 - 2000